Anup Shah

Die letzten Tiere der Mara

Aus dem Englischen
von Ulrike Kretschmer

KNESEBECK

EINFÜHRUNG

Die wilden Tiere in der Masai Mara scheinen wie im Rhythmus der Gezeiten zu leben. Möglicherweise ist dieser Eindruck rein subjektiv, von meiner Sehnsucht nach einer Zeit und einem Ort gefärbt, als die Gangart des Lebens noch gemächlich war, wie Sätze ohne Schlusspunkte, die träge vor sich hin fließen sich nahtlos miteinander verbinden.

Meine Leidenschaft für Natur und Tiere, aber auch die Freude am Fotografieren waren schon immer groß. Ich bin in Kenia aufgewachsen, wo es zuhauf frei lebende Tiere direkt vor der Haustür gibt; wohl schon deshalb hinterließen Natur und Tierwelt bereits in meiner Kindheit bleibende Erinnerungen. Alles war exotisch und doch zugänglich, und die Umgebung – hügeliges Grasland, das unendliche Weiten erahnen ließ – wirkte wie eine Therapie für einen rastlosen Geist wie den meinen, der sich in einem antiquierten Klassenzimmer mit langweiligen Lehrern und desinteressierten Mitschülern gefangen fühlte. Die Ferien verbrachte ich damit, tagelang in den endlosen Ebenen herumzustreifen, immer auf der Hut vor Löwen; das vermittelte mir ein schwindelerregendes Gefühl von Freiheit. Wenn man beim ziellosen Drauflosfahren gleich hinter der nächsten Hügelkuppe unerwartet auf eine Herde Elefanten trifft, ist das einfach ein unbeschreibliches Erlebnis, ebenso wie die Begegnung mit anderen wilden und freien Tieren in einer Heimat, die sich unter einem grenzenlosen Himmel erstreckt.

Der Schritt zum Tier- und Naturfotografen war also nur konsequent. Im Mittelpunkt stand für mich schon immer die Masai Mara, ein streng geschütztes Naturreservat, in dem ich mich bestens auskenne; ich lebe praktisch mehrere Monate im Jahr dort. Nirgendwo kann man besser aus dem 21. Jahrhundert aussteigen und in eine verloren geglaubte Vergangenheit eintauchen. Die vielfältige Fauna, die die Masai Mara bevölkert, hat sich im Lauf der Evolution an die Ebenen, das Buschland, die Baumsavanne und die Wälder der Region angepasst. Vielleicht kann man sich die Masai Mara als einen Ort vorstellen, an dem sich die Tierwelt auf eine Weise zeigt, für die unsere Vorstellungskraft einfach nicht mehr ausreicht – es ist kaum möglich, das Gesehene in Worte zu fassen.

Die Idee zu den Bildern in diesem Buch entstand eines Sonntagmorgens vor einigen Jahren auf den weiten Ebenen der Masai Mara. Ich stand gerade inmitten einer Elefantenherde; einige der Tiere kamen mir so nah, dass ich nur die Hand hätte ausstrecken müssen, um sie zu berühren. Plötzlich überkam mich ein schwer fassbares Gefühl, als wäre ich gleichsam Teil einer längst vergangenen Zeit geworden. Als die friedlich grasende Herde schließlich weitergezogen war, fragte ich mich unwillkürlich, ob es mir wohl gelingen würde, solche Empfindungen in Fotografien zu übersetzen.

Dieses Erlebnis stand am Anfang meines Buchprojekts. Bei jeder Begegnung mit wilden Tieren stellte ich mir vor, wie es wohl wäre, selbst ein »wildes«, frei lebendes Wesen zu sein, gelöst von all jenen Zwängen, denen wir Menschen nun einmal unterworfen sind. Ganz allmählich nahmen die Bilder in meinem Kopf Gestalt an.

Noch fehlte mir der gemeinsame Nenner. Heute weiß fast jedes Kind, dass die Natur vor der scheinbar unaufhaltsamen Ausbreitung des Menschen und der Ausbeutung durch unsere Spezies immer weiter und schneller zurückweichen muss. Die Kluft zwischen Natur und Mensch vergrößert sich zusehends. Angesichts dieser herzzerreißenden Tatsache stellte ich mir eine Frage: Gibt es eine Parallelwelt zu jener anthropozentrischen, die wir geschaffen haben? Eine Welt, in der das Leben nachhaltig ist und sich im Einklang mit sich selbst befindet?

Mein Buch versucht diese Frage in eine Bildsprache umzusetzen. Auf der Bühne der Masai Mara führt die Natur Regie. Der Rhythmus der Erzählung wird vom Zyklus der Jahreszeiten diktiert. Die Tiere kommen und gehen; das Leben, das sich in diesem steten Wechsel ausdrückt und das sie bis zur Neige auskosten, wird hoffentlich auch in diesem Buch spürbar. Man kann das erfahren, erkennen und fühlen, wenn man die Masai Mara einmal selbst besucht.

Vorwärtsdrang

Für die durstigen und hungrigen Gnus und Zebras kann der Regen, den der Wind ungestüm und mit voller Wucht über das Land peitscht, gar nicht früh genug kommen. Dann lassen ihre Hufe Matsch vom durchweichten Boden aufspritzen; der Tod zieht sich zurück, der Hunger wird gestillt, und das Schicksal wählt die Überlebenden aus.

Das Duell

Ich war mit dem Auto auf einem viel befahrenen kleinen Weg unterwegs, der wie ein Riss das Gewebe des Landes durchzieht, und hielt an einer Biegung des Flusses an. Sein Lauf wird an dieser Stelle von einem Galeriewald gesäumt, der hin und wieder bevorzugter Aufenthaltsort einer Giraffenherde ist. Manchmal wagen sich die Tiere auch in die angrenzende Savanne hinaus. Und da waren sie: Als ob man sie arrangiert hätte, verteilten sich die Tiere um die wenigen Bäume herum, die trotzig das flache Erdreich der Savanne besiedelt hatten. Bedächtig und würdevoll lösten sich zwei Bullen aus der Herde, um sich ein wie choreografiert wirkendes »Halsduell« zu liefern. Einen Gewinner gab es nicht, aber darauf kam es ja auch nicht an.

Neugier

In der Nähe des Mara-Flusses gibt es eine frei liegende Hyänenhöhle, ein Treffpunkt für Mitglieder des Clans, die kommen und gehen, während sich die Mütter mit ihren Jungen lässig um den Eingang der Höhle gruppieren. Alle Mitglieder sind sich ihres jeweiligen Ranges innerhalb der Clanhierarchie nur allzu bewusst: Die Rangniederen katzbuckeln eifrig und demütig vor den Ranghöheren, die herablassend herumstolzieren und anscheinend keine Notiz von ihnen nehmen.

All dies beobachtete ich gebannt, als sich plötzlich eines der Tiere wie ein zum Leben erweckter Lehmklumpen aus dem wogenden Gras erhob. Geduckt und hastig watschelte es vorwärts, sich dabei hell gegen den Boden abzeichnend. Zuerst schlurfte es zielstrebig in Richtung Höhle, doch dann siegte die Neugier, und die Hyäne näherte sich vorsichtig der Kamera. Ich drückte auf den Auslöser. Nach einer Weile verlor das Tier das Interesse und schlenderte weiter.

Sebastian

Sebastian und seine beiden Gefährten lösten sich aus dem tiefen, dunklen Wald am Fluss und überquerten eine kleine Ebene in Richtung Musiara Marsh. Das Sumpfgebiet zieht sich wie eine grüne Narbe über das Land und wird von einer unterirdischen Quelle gespeist, die knapp außerhalb der Masai Mara an die Oberfläche tritt. Überrascht vom hörbaren Klicken des Kameraverschlusses wirbelte Sebastian herum. Er fixierte mich, wie nur er es zu beherrschen scheint, verärgert über die Störung seiner Tagträumerei, in die ihn der Rhythmus seiner gemächlichen Schritte und die Aussicht auf Futter in den Marschen versetzt hatten. Im Gegensatz zu unserer ersten Begegnung vor dreißig Jahren war der Elefantenbulle dieses Mal auf der Hut.

Paarung

Eines Morgens traf ich im offenen Flachland neben der Landepiste des Musiara Airstrip auf einen Teil des Musiara-Rudels. Von den vier Männchen war nur Hunter in der Nähe, als Lippy sich auf den Boden duckte. Sie ließ den Schwanz hin und her zucken und gab sich offenbar alle Mühe, verführerisch zu duften. Hunter nahm die Einladung ohne zu zögern an, während Lippy vor Lust knurrte. Den ganzen Vormittag lang forderte sie Hunter immer wieder zum Paarungsakt auf, und so pflanzten sich die Liebenden leidenschaftlich und heftig, aber ohne Hast fort.

Weihevoll

An einem Januarmorgen bildete der Himmel ein dunkles Dach mit einer Million stecknadelkopfgroßer Lichter. Während die Dämmerung herankroch, erschienen auf dem Hügelkamm, der das Sumpfgebiet nach Norden hin abgrenzt, zwei große, sich bewegende Punkte. Das Licht ließ sich Zeit, um die Szenerie zu beleuchten, und war ebenso langsam wie der träge Gang der beiden Elefantenbullen, die hintereinander hergingen, auf den geschützten und schützenden Wald am Fluss zu. Bis die Sonne über den Horizont spähte, würde es noch eine Weile dauern. Die weißen Wolkenstreifen, die über dem Pfad des zweiten Elefanten hingen, schufen eine weihevolle Stimmung.

Der Blick

Es war Abend, und ich hatte mich unter einem der schattigen Bäume am Rande jenes Teils der Savanne niedergelassen, in den sich gelegentlich Südliche Grünmeerkatzen und Anubispaviane vorwagen. Es wehte ein laues Lüftchen, Vögel riefen, als die Temperatur mit der untergehenden Sonne allmählich sank. Die Primaten hatten mit ihrem gemächlichen Rückzug in den Wald begonnen, wo sie in den Bäumen Schutz suchen wollten, obwohl nachts hin und wieder auch ein Leopard durch den Wald streift. Ein furchtloser Pavianmann führte seine bummelnde Truppe an. Er war sehr selbstsicher und direkt. Als der Pavian nah an mir vorbeikam, warf er mir, gewissermaßen als einem Primatenkollegen, einen neugierigen Blick zu. Der Rest der Truppe folgte, las hier und da etwas Nahrung auf und zankte sich ein wenig. Bevor der schwarze Wald sie alle verschluckte, beschwerten sich einige der Jungtiere noch einmal lautstark über dieses und jenes.

Morani und Scarface, das Narbengesicht

Es war noch früh am Morgen, als ich zwei Gestalten auf mich zukommen sah. Rasch blickte ich zum Himmel auf und sah Wolkenfetzen, die anzeigten, dass der Übergang zum hellen Tag relativ schnell vonstattengehen würde. Durch mein Fernglas konnte ich erkennen, dass es sich bei den beiden winzigen Gestalten um zwei männliche Löwen handelte, um den unergründlichen Morani, der führte, und den treuen Scarface, der folgte. Sie sind zwei der vier Musketiere, die über einen riesigen Landstrich der Masai Mara herrschen und deren Gemeinschaftsgeist, Gebrüll und deutliche Reviermarkierungen ich seit Langem genau kenne. Sie machten und machen noch heute großen Eindruck auf jeden. Von Emotionen hin- und hergerissen, wollte ich in einem einzigen Bild die Spannung dieser nahen Begegnung mit den beiden mächtigen Raubkatzen in ihrem offenen, ausgedehnten Revier zum Ausdruck bringen. Das zwang mich dazu, einen Blickwinkel zu wählen, der zugleich nah, niedrig und weit war.

Der Menschenfeind

Ich behandle Büffel mit Respekt, nicht zuletzt deswegen, weil sie in der Lage sind, es mit einem oder mehreren Löwen aufzunehmen und diese in die Flucht zu schlagen. Leider haben sie ein recht schlechtes Image als reizbare, ja sogar feindselige Tiere. Das stimmt meiner Meinung nach nicht ganz. Es ist nicht ihre Absicht, jemanden zu verletzen – sie brauchen nur Platz. Sie sind nicht hinterhältig – sie legen nur Wert darauf, ungestört zu sein. Und sie sind ganz sicher nicht bösartig – sie möchten einfach in Ruhe gelassen werden. Und wenn sie sich doch einmal von der aggressiven Seite zeigen, ist das meist nur Show.

Revierpatrouille

Die gerade über den Horizont blinzelnde Sonne tauchte die Savanne in goldenes Licht. Drei Gepardenmännchen, offensichtlich Brüder, schritten ihr Revier ab. Mir fiel die fotografische Komposition auf: ein Gepard, ein Baum und der Himmel. Zufrieden wartete ich inmitten der riesigen weiten Ebene auf meine Gelegenheit.

In der sanft hin- und herwogenden Baumkrone summten Fliegen, einer der Geparden hinterließ seine Markierung am Stamm. Als ich auf den Auslöser drückte, flatterte ein Würger mit den Flügeln, als er sich in die Luft erhob, eine Taube gurrte – Gott weiß wo –, und eine Lerche begann aus ihrem Versteck heraus mit ihrem Morgengesang. Das Leben in der Savanne begrüßte den neuen Tag.

Unerbittlich

An diesem tristen grauen Morgen lagen die heranwachsenden Löwen des Musiara-Rudels dicht beieinander und wirkten etwas lustlos. Als ich mit dem Wagen anhielt, wurden sie munter. Einer stand auf, um mich mit plötzlich leuchtenden, großen Augen näher zu betrachten. Diese Augen verrieten nichts, sahen jedoch alles – gnadenlos, aber ehrlich in einem unerbittlichen Gesicht.

Ein deutlicher Standpunkt

Das Verhalten des Büffels, der anderthalb Kilometer von den Löwen entfernt graste, ließ keine Spur von Unsicherheit erkennen. Als ich ihn beobachtete, starrte er zurück, unverwandt und unerschrocken. Für mich hielten diese offene Haltung und der Gesichtsausdruck eine Lektion bereit: Philosophie oder Spekulation sind überflüssig. Alles, was zählt, ist zu leben, bis das Leben vorbei ist.

Überraschung!

Ich war zu einem ausgetrockneten Flussbett namens Bilashaka gefahren, um einige unzähmbare Seelen zu besuchen. In dem Flachland, das von dem Flussbett in zwei Teile zerschnitten wird, haben zwei einander treue Schabrackenschakale ihr Revier; das Paar hat im Lauf der Jahre erfolgreich mehrere Würfe von Jungen großgezogen. In diesem Februar waren es vier Junge, die wie immer darauf warteten, dass Mama und Papa von der routinemäßigen Futtersuche zurückkehrten.

Und da standen sie, ganz allein, in den Weiten des Graslandes und schienen von meiner Kamera, die ich auf dem Boden platziert hatte, wie hypnotisiert. Sie bewegt sich nicht und sieht aus wie ein Stein, den jemand fallen gelassen hat. Eines der etwas älteren Jungtiere war geradezu verzückt vom Klicken der Kamera und inspizierte sie neugierig, um herauszufinden, woher die Geräusche kamen.

Verblüfft

Seit nun schon einigen Tagen lag die Sonne erbarmungslos und sengend über dem Land. Nicht allzu weit vom Camp entfernt war ich auf die Gepardenmutter Malaika und ihre vier umtriebigen Jungen gestoßen; in einem günstigen Moment stellte ich die Kamera auf, in der Hoffnung auf ein Porträt mit Blickkontakt. Tatsächlich: Im Gegensatz zur Mutter, die die Kamera links liegen ließ, wurde eines der männlichen Jungtiere von seiner Neugier überwältigt und tat mir den Gefallen, näher zu kommen und dabei direkt in die Kamera zu sehen.

Achtung

Die Hitze hielt an, und so machte ich mich auf zum Mara-Fluss, dessen Lauf der Route einer betrunkenen Fliege durch das Naturreservat ähnelt. An einer Biegung, die von Flusspferden nur so wimmelt, überquerten Elefanten auf der Suche nach Sukkulenten in den angrenzenden Sümpfen den Mara River. Vorübergehend kam eine kühle Brise auf, und ein paar Wolken zogen sich am Himmel zusammen. Als ein Elefantenbulle das Flussbett durchstapfte, witterte er mich. Sofort stellte er die Ohren auf und blieb stehen. Dann erhob er seinen Rüssel wie ein Fragezeichen in den Himmel und wechselte die Richtung – nicht erschrocken, sondern wachsam.

Abgelenkt

Ein kühler Morgen, den die Februarsonne am strahlend blauen Himmel rasch erwärmt hatte, verwandelte sich in einen Abend, an dem sich halbherzig Wolken bildeten und eine leichte Brise aufkam. Die Paviane befanden sich auf der letzten Futtersuche des Tages. Das weibliche Tier direkt vor mir konzentrierte sich völlig auf die Nahrungsaufnahme; es erkämpfte sich seine Lebensgrundlage, indem es alles aufsammelte und sich in den Mund steckte, was seine scharfen Augen auf dem kargen Boden entdeckten.

Flüchtig

An einem Tag gegen Ende Februar ließ ich den Wagen an einer Stelle stehen, wo das Flachland in Wald überging. Ganz in der Nähe ruhte sich eine Giraffe aus. Die Kamera war so aufgestellt, dass das Tier eigentlich auf sie hätte zugehen müssen, doch es befand sich offenbar in einem Sitzstreik. Mit der immer höher steigenden Sonne kam die Hitze. Die Farben verblassten, die Vögel verstummten. Ich rechnete schon nicht mehr mit einem guten Motiv und begann zu dösen. Plötzlich stellte die Giraffe die Ohren auf, dann erhob sie sich. Ruhig wendete sie und lief leichtfüßig weg.

Aus einiger Entfernung hatte der Störenfried wie ein Löwe ausgesehen, nun entpuppte er sich als ein Warzenschwein, das unerwartet in die friedliche Stille hereingeplatzt war. So viel zum Glück des Fotografen …

Friedliche Stille

Der Übergang vom Februar zum März lässt sich an der Art ablesen, wie die Wolken in der Kulisse des Himmels auftreten. Sie sind zunächst noch zarte, zerbrechliche Akteure, keine dunklen, furchteinflößenden, bedrohlichen Darsteller. Und während die Kulisse sich füllt, setzt sich das Spiel auf der irdischen Bühne fort.

Ich beobachtete eines Abends Anfang März eine Elefantenherde an einem ausgetrockneten Wasserloch. Alle Tiere waren konzentriert damit beschäftigt, gemeinsam das Erdreich umzugraben. Doch gleichzeitig spürte ich, dass ich beobachtet wurde – die Matriarchin behielt mich stets wachsam im Auge.

Misstrauen

Als die Tage vergingen, begannen zunehmend graue Wolken den Himmel zu beherrschen. Sie schienen immer tiefer zu hängen; die Versuchung war groß, die Hand auszustrecken und sie zu berühren. Früh an einem dieser wolkenverhangenen Tage stieß ich auf eine vorbeiziehende Büffelherde. Sofort hatte ich eine Komposition sowie ein Bild im Kopf und machte die Kamera bereit.

Wie aufs Stichwort blickte einer der Büffel nach dem Klicken des Auslösers neugierig zu mir hin: Drohte da Gefahr, oder war es nur der Flügelschlag eines Vogels? Etwas Merkwürdiges konnte die Nase des Tiers nicht wahrnehmen, doch es blieb vorsichtshalber in Habachtstellung. Schließlich gab es sich einen Ruck, suchte wieder Anschluss zur Herde und trottete rhythmisch weiter.

Entspannung

Als ich mich der weiten, offenen Fläche näherte, warfen die ersten Strahlen der Morgensonne ihr Licht auf die Savanne. Eine Wolkenbank glitt langsam vorüber und verdeckte einen Moment lang die Sonne. Bald danach traf ich auf diese Ansammlung von Giraffen, die sich ganz entspannt in ihrem Revier niedergelassen hatten. Sie nahmen mich sehr wohl wahr, schienen sich an meiner Anwesenheit aber nicht zu stören. Die gelöste Ruhe, beinahe Behaglichkeit, die sie ausstrahlten, gab mir die Idee zu dieser Bildkomposition, und während ich mich daran machte zu fotografieren, beobachteten sie mich ruhig, aber aufmerksam.

Lippy und Morani

Obwohl sich um mich herum Wolken auftürmten, fühlte sich die Luft nach wie vor trocken an. Einige Tage hatte die kleine Trockenzeit noch vor sich, und die Masai Mara schien im Einklang mit sich selbst: Die Weidetiere grasten, die Laubäser fraßen, und die Katzen machten Liebe. An diesem wunderschönen Morgen begegnete ich Lippy und Morani, die einander umwarben, wobei Lippy die Initiative zu ergreifen schien. Sie erinnert mich immer mehr an Sienna, ihre Mutter. Ihre Augen haben dieselbe Farbe, sie kann ebenso schnell sprinten, und sie flirtet und seufzt genau wie diese.

Rast

An einem windstillen Märzmorgen hatten sich einige schlanke, elegante Leierantilopen in der Savanne versammelt. Sie finden sich regelmäßig in der Masai Mara ein, um ihre Jungen zu bekommen und großzuziehen. Sie treffen sich einmal im Jahr für etwa vier Wochen zur Paarung; dann kommt es sogar vor, dass die Männchen unter den Anforderungen der Weibchen vor Erschöpfung kollabieren.

Liebkosung

Elefantengeschwister kommen in der Regel erstaunlich gut miteinander aus. An diesem lauen Märzabend hatte es sich ein junger Elefant neben meinem Wagen zum Schlafen gemütlich gemacht, während der Rest der Familie noch auf den Beinen war. Plötzlich schlenderte ein Babyelefant herüber und liebkoste das ältere Geschwister mit dem Rüssel. Vielleicht war dies der Beginn einer wunderbaren, lebenslangen Freundschaft, für die Elefanten berühmt sind.

Zusammenhalt

Allzu fern konnte der Regen nicht mehr sein, doch noch ließ er auf sich warten. Ich verbrachte eine halbe Stunde mit einer Elefantenherde an einem ausgetrockneten Wasserloch. Nicht mehr lange, dann würde es sich in eine Schlammkuhle verwandeln und schließlich wieder in ein richtiges Wasserloch.

Die Herde war wie alle Elefanten in der Masai Mara weit gereist. Auf der Suche nach Leckerbissen, die es im Naturreservat nicht gibt, lassen sie das Schutzgebiet immer wieder mehrere Kilometer weit hinter sich. Doch meist haben die Tiere es dann sehr eilig, in den Schutz des Reservats zurückzukehren.

Souverän

Der Regen schlich sich heran, zunächst als sanfter Schauer verkleidet. In der Masai Mara hatten die weiblichen Tiere eine Fülle neuen Lebens zur Welt gebracht. Kisiwa, die Löwin, befand sich mit ihren drei winzigen Jungen in der Nähe ihrer Höhle. Sie gab sich die allergrößte Mühe, das Trio beisammenzuhalten, doch verspürten die Jungen anscheinend wenig Lust dazu. Eines nach dem anderen verließ miauend und rufend die Höhle; sie krabbelten umher und purzelten übereinander. Die Duftspuren, die sie verbreiteten, brachten sie allmählich in Gefahr, und deshalb trug Kisiwa Junges für Junges zu einer anderen Höhle. Während sie hilflos aus dem Maul der Mutter baumelten, boten sie ein Bild des Jammers. Doch Kisiwa erledigte die heikle Aufgabe instinktiv und mit absoluter Souveränität.

Selbstvergessen

Nach einem Tag heftiger Regenfälle war der Himmel am nächsten Morgen strahlend hell und klar. Dieses neugeborene Thomson-Gazellenkitz lag auf dem Boden, hatte den Kopf auf die Vorderläufe gelegt und verhielt sich absolut still. In aufrechter Haltung wäre es eine leichte Beute für herumstreifende Geparden gewesen. Das Kitz schien ungeheuer entspannt und ahnte von den Gefahren, die es umgaben, glücklicherweise nichts.

Abhängigkeit

Eines trüben Morgens wartete ich in der Nähe eines flussnahen Waldes auf Primaten, die sich auf Futtersuche begaben, und traf erneut auf eine Gruppe Südlicher Grünmeerkatzen unter der Führung eines Weibchens, das ich nun schon seit einiger Zeit kannte. Etwas später ließ sich das Weibchen mit seinem neugeborenen Jungen unter einem großen Baum nieder. In dieser Lebensphase wird das Jungtier überall mit herumgetragen und hängt, was Nahrung und Schutz betrifft, vollständig von der Mutter ab.

Müßiggang

Wieder türmten sich Wolken auf, doch irgendwie schien dies den Tieren dieses Mal vollkommen gleichgültig zu sein. Die Elefanten grasten weiter im Wald, die Impalas ebenfalls, und die Löwenjungen setzten ihr Spiel auf der endlosen grasbewachsenen Ebene fort.

Wiege

Im Gegensatz zu Löwen, bei denen die Jungen innerhalb von drei Jahren ausgewachsen sind, dauert das Heranwachsen bei Elefantenkälbern durchschnittlich achtzehn Jahre. Ganz ähnlich wie beim Menschen hängt das Jungtier in dieser ersten Lebensphase fast vollständig von seiner Mutter und dem Rest der Herde ab.

Gelassenheit

Es wurde allmählich dunkel, als ich auf eine Herde Elefanten stieß, deren Mütter über die schlafenden Babys wachten. Ganz in der Nähe lagen satte Büffel dicht beieinander. Die Temperatur fiel, der Wind ließ nach, über den grenzenlosen Weiten spannte sich ein unendlicher Wolkenhimmel – eine Welt voller Gelassenheit, in der sich alles im Einklang mit sich selbst zu befinden schien.

Schlammbad

Das Gefühl der Sicherheit, das die Mitglieder der Elefantenherde den Jungen vermitteln, ist erstaunlich. Dieses kleine Elefantenbaby lief freudig zum Schlammloch, ging auf die Knie, wälzte sich in dem wunderbaren Nass und hob den Rüssel. Es fühlte sich offensichtlich absolut sicher und glücklich zwischen all den Beinen und Rüsseln, geborgen in dem Wissen, dass seine Mutter ganz in der Nähe stand.

Zweifel

An diesem düsteren Morgen waren einige Mitglieder des Musiara-Rudels unterwegs, nachdem sie sich in der Nacht an einem Büffelkadaver gütlich getan hatten. Die Männchen waren nicht mitgekommen – sie waren vollgefressen an Ort und Stelle eingeschlafen. Doch die Löwinnen hatten sich gemeinsam mit ihren Jungen auf den Weg zu einem versteckt liegenden, ausgetrockneten Flussbett gemacht.

Solange das Löwenjunge die Mutter an seiner Seite weiß, ist alles in Ordnung. Doch eines Tages muss sich der Nachwuchs selbstständig machen und der Welt allein die Stirn bieten. Und ganz sicher werden die heranwachsenden Löwen dabei auf temperamentvolle andere Löwen treffen, die sie bedrängen und mit denen sie konkurrieren werden.

Das Reich der Savanne

Sintflutartige Regenfälle waren gekommen und wieder gegangen, die Färbung des Himmels hatte sich verändert. Die trockene Luft war kühl, und überall tauchten neue Farbnuancen auf. Ich betrachtete die offenen Ebenen aufmerksam und sah kilometerweit nur jungfräuliches Grasland. Unter den Dornbäumen wimmelte es von Leben: Antilopen, Paviane, Vögel und Bienen.

Die Sonne stieg höher, die Schatten unter den Bäumen wurden immer tiefer. Die Katzen zogen sich in den Schatten zurück, die männlichen Leierantilopen auf den Termitenhügeln im Grasland hingegen blieben auf der Hut.

Hunter, der Jäger

Die große Trockenzeit mit ihrem strahlend blauen Himmel und langsam welkenden Gras hatte begonnen. Ich sah immer weniger Tiere, die sich ins hohe Gras duckten und darin verschwanden. Manchmal allerdings tauchten sie woanders wieder auf – wie eines Morgens Hunter. Er blieb stehen und sah mich an, wachsam und selbstbewusst. Einen Moment lang schien er irritiert, dann entspannte er sich, und ich nahm ein Funkeln in seinen Augen wahr.

Auf der Suche

Die trockene Luft sog die Feuchtigkeit aus dem Boden. Fliegen umschwirrten apathisch wirkende Tiere, die hin und wieder gereizt mit dem Schwanz zuckten.

Auf der von tiefen Rissen zerfurchten Erde zog eine Elefantenmutter vorüber, sie schien eine schwere Last zu tragen. Eine grimmige Verbissenheit machte sich breit – jeder hatte Durst, der unbedingt gestillt werden wollte. Das war besonders hart für die Geschwächten, die mit den Kräftigen und Starken mitzuhalten versuchten.

Von Angesicht zu Angesicht

An einem sengend heißen Tag machte ich mich zu einer austrocknenden Schlammsuhle auf, die gern von Elefanten frequentiert wird. Sie waren in ihrem Element und verteilten auf ihrer juckenden Haut, was noch von dem kühlenden und wohltuenden Schlamm übrig war. Ich erinnere mich noch sehr gut daran, dass ich nur einen knappen Meter von einem der Elefanten entfernt war und das Gefühl bekam, akzeptiert zu werden. Das war eine der seltenen glücklichen Gelegenheiten, bei denen ich einem Elefanten in seiner Welt begegnen durfte.

Ausgeglichenheit

Eines Nachmittags streifte ich in gemächlichem Tempo umher und erspähte ein paar Elefanten. Vorsichtig näherte ich mich und sah, dass sich die kleine Herde um ein beinahe ausgetrocknetes Wasserloch herum versammelt hatte, das ihre ganze Aufmerksamkeit in Anspruch nahm. Anscheinend war sie schon lange hier und grub nach der wenigen Feuchtigkeit, die noch übrig war. Die Elefanten wirkten ausgeglichen, jede Bewegung, jedes Zucken lief bedächtig und wohlüberlegt ab. Eigentlich war es absurd, den Frieden und die Vertrautheit, die die majestätischen Tiere ausstrahlten, einfangen zu wollen, aber ich versuchte es trotzdem.

Der Wächter

In einem eleganten Bogen neigte sich die Sonne dem Horizont entgegen und tauchte das Land in ein weiches, goldgelbes Licht. Einer nach dem anderen erschienen die Elefanten, im Gänsemarsch kamen sie auf das Schlammloch zu, an dem ich auf sie wartete. Es war winzig, doch sie kosteten das spärliche Nass aus; sie planschten, besprühten sich gegenseitig und wälzten sich im Schlamm. Die Bildkomposition, die ich mir vorstellte, kam zustande, als ein Elefantenjunges ein geradezu ekstatisches Schlammbad nahm und währenddessen fürsorglich von einem ausgewachsenen Tier bewacht wurde.

Die Suche

Seit zwei Wochen wölbte sich morgens ein heiterer Himmel über der Masai Mara, und die Hitze der Sonne breitete sich rasch aus. Die Gnadenfrist war kurz: Der Vorrat an nahrhaftem Futter für Elefanten nahm unbarmherzig ab. Die Bäume, an denen sie sich bisher gütlich getan hatten, waren verwelkt, das Land war abgegrast. Doch die Tiere zogen weiter durch Hitze und Staub, auf der Suche nach Futter.

Der Tanz

Ein weiterer sonnendurchtränkter Tag im Juni. Es war absolut windstill. Mitten am Vormittag traf ich auf diesen viereinhalb Meter großen Giraffenbullen, der in aller Ruhe herumstolzierte. Dann fiel er plötzlich in einen Galopp, als ob er abzuheben versuchte, und beschwor dabei ein fantastisches Bild von Freiheit herauf – das Sinnbild dessen, wofür die Masai Mara in meinen Augen steht.

Individualität

An diesem Morgen trübte kein Wölkchen den Himmel, und ein junges Löwenmännchen war ganz in seinem Element, als es einem Weibchen nachschlich. Legte sie auf einem Hügel eine Rast ein, tat er das auch; machte sie sich wieder auf den Weg, folgte er ihr. Ich beobachtete ihn. Seine Absicht war ihm praktisch ins Gesicht geschrieben. Es war ergreifend, denn der Löwe kostete so offensichtlich jeden einzelnen Augenblick seiner Freiheit aus – dass er gehen konnte, wohin es ihm beliebte.

Vorstoß

Wenn der Himmel strahlend blau ist, gewinnt er manchmal an Tiefe. Er fühlte sich auch irgendwie größer an, als ich auf die Gelegenheit zur Komposition dieses Bildes wartete. Zuerst hörte ich nur das donnernde Geräusch der Hufe, dann tauchte die Herde auf – zunächst in höchstem Tempo, dann langsamer und schließlich wieder Geschwindigkeit aufnehmend. Die Herde schien wie besessen. Diese dahinziehenden Tiere kennen weder Zeit noch Termindruck, sie preschen einfach zu Tausenden voran, die Jungen wie die Alten, die Scheuen wie die Wagemutigen.

Flucht

Die wandernden Herden ergossen sich aus der nördlichen Serengeti, die südlich an die Masai Mara angrenzt, in das Naturreservat. Mir fiel die Entschlossenheit der Tiere auf, die eines nach dem anderen weiterliefen. Es schien, als seien die Tiere vom selben Geist besessen. Die Herde vor mir bildete nur die Vorhut. Die Hauptmacht dahinter zog sich weit bis in die Wälder der nördlichen Serengeti hin.

Keine Eile

Dieses in der Sonne badende Krokodil wartete darauf, dass die Herden den Mara-Fluss überquerten. Das fünf Meter lange Urtier mit der furchterregenden Beißkraft seiner Kiefer lag einfach nur gelassen da; es verspürte keine Eile. Die Herden kommen, wenn sie kommen.

Herantasten

Der Fluss führte wenig Wasser und floss träge dahin, die selbstgefällig wirkenden Flusspferde sonnten sich am aufgeweichten Ufer und gaben gelegentlich ein Grunzen von sich, gleichsam als Antwort auf die Geräusche, die von weiter flussaufwärts zu ihnen hinunterdrangen. Einige Krokodile ließen sich, die Schnauze knapp oberhalb der unbewegten Wasseroberfläche, faul im Fluss treiben. Bald kam eine Herde Gnus und Zebras an und trabte zum Wasser hinunter. Ihre Absicht war es, den Fluss zu überqueren. Die Leittiere zögerten, doch schließlich wagte eines der Tiere den Sprung und andere folgten – selbst als die Krokodile allmählich näher kamen.

Im Fokus

Die Löwin lauerte den Gnus auf, die das steile Flussufer erklommen. Sie erspähte eine erschöpfte Gnumutter und ihr Junges. Das Gnu war wachsam, doch die Löwin beschloss, trotzdem ihr Glück zu versuchen. Unendlich vorsichtig und langsam schlich sie sich an. Dann bot sich eine Gelegenheit – ein Würgegriff, und die Augen des Gnukalbs schlossen sich für immer.

Die Flut

Der Großteil der Herde war aus der Senke herausgekommen und befand sich in Bewegung. In gleichförmigem Galopp ergoss sie sich zum Zentrum der Ebene hin. Ein paar der Tiere waren verletzt, ich sah Mütter ohne Junge und Junge ohne Mütter. Einige hatte man zurückgelassen, als sie vergeblich versuchten, sich am steilen Flussufer hinaufzukämpfen; mehrere waren den Krokodilen zum Opfer gefallen; wieder andere waren ertrunken. Schon bald versammelten sich zufriedene Geier auf den aufgeblähten Bäuchen der Kadaver.

Rodeo

Die spindeldürren Beine der Gnus wirken nicht gerade kraftvoll. Dennoch hat die Natur dieser Antilopenart Geschwindigkeit und Ausdauer verliehen; in der Regel laufen die Tiere den ihnen nachjagenden Beutegreifern einfach davon, verfallen in Galopp, wenn es notwendig ist, oder legen auf der Suche nach grünen Weiden und Wasser riesige Entfernungen zurück. Darüber hinaus verfügt das Gnu über blitzartige Reflexe, die ihm helfen, dem Gegner auszuweichen und oft auch zu entkommen.

Die Armee

Ein angeborener Trieb zwingt die Herde, dem Regen zu folgen und nach Wasser und grünem Gras zu suchen. Die langen Reihen, die sie dabei bilden, vermitteln den Eindruck einer bunt zusammengewürfelten Armee, die in einem Chor unablässiger, klagender Rufe miteinander kommuniziert.

Formation

Der Morgen war wolkenverhangen, Tiere ließen sich kaum blicken. Ein einsamer Pavian, von einem unablässigen Schluckauf geplagt, gab die Futtersuche auf und schlief ein. Die Zeit schleppte sich dahin. Dann erschien auf einmal diese Herde Thomson-Gazellen; die Tiere bewegten sich in geschlossener Formation und schreckten den Pavian aus dem Schlaf.

Prozession

Sonnenschein und Wolken wechselten sich ab, während die die Nachmittagshitze an Kraft verlor und die Farben ihre Strahlkraft einbüßten. Einer nach dem anderen erschienen die Mitglieder einer großen Elefantenherde; würdevoll marschierten sie in regelmäßigen Abständen vorüber.

Suchende

Im Gegensatz zum majestätischen Marsch der Elefanten hörten die Gnus nicht auf zu laufen und zu springen. Dieses Verhalten ist ihnen von der Natur vorgegeben; die Tiere halten erst an, wenn sie einen Ort finden, an dem es ausreichend Wasser und grünes Gras gibt.

Machtvoll

Ich wartete am Fluss auf Elefanten. Die Zeit verging, Stille machte sich breit, und der Fluss bewegte sich so träge, als wollte er zum Stillstand kommen. Doch plötzlich watete ein Elefantenbulle durch das Wasser und erklomm ein steiles Ufer. Er witterte einen Eindringling und erhob seinen Rüssel drohend in die Luft. Ein Elefant, der diese Drohgebärde macht, befindet sich in höchster Alarmbereitschaft. Der Bulle sah so imposant aus, dass sich ihm mit Sicherheit noch nicht einmal ein Löwenrudel in den Weg gestellt hätte.

Sikio

Es war Paarungszeit, und die beiden Löwen hatten den ganzen Tag miteinander verbracht. Als die Schatten allmählich länger wurden und sich Stille auf das Land herabsenkte, stand Sikio träge auf. Auf einmal verstummten die Vögel, die Antilopen blieben wie angewurzelt stehen und starrten den massigen Löwen an. Mit seiner Haltung machte Sikio mehr als deutlich, dass Jicho zu ihm gehörte und dass kein anderes Löwenmännchen es auch nur versuchen sollte, sie ihm abspenstig zu machen.

Deutlicher Standpunkt

Die Matriarchin einer Elefantenherde beschloss, mit ihrer Familie in meiner unmittelbaren Nähe ein Staubbad zu nehmen. Dabei spannte sie zunächst ihren gesamten Körper an und senkte den Schwanz. Dann schwenkte sie ihren Rüssel herum wie ein Periskop, stellte die Ohren auf, machte einen Schritt auf mich zu und tat so, als ob sie angreifen wollte. Sie zitterte am ganzen Leib und machte einen Buckel. Dann war die Wildheit auf einmal verschwunden. Sie schien beinahe zu grinsen – sie hatte ihren Standpunkt mir gegenüber sehr deutlich gemacht.

Eruption

Aus Erzählungen wusste ich, dass die aggressive Körpersprache wilder Tiere meist nur ein Bluff ist, und unter diesem Aspekt hakte ich meine Begegnung mit Joe, dem Flusspferd, ab. Er war aus der Herde ausgestoßen worden, musste keine Weibchen bewachen und erhob sich nun kraftvoll aus einem Wasserloch. Meinem Eindruck nach wollte er nur wie ein echt tougher Kerl wirken; ich verzichtete trotzdem darauf, ihn auf die Probe zu stellen und mein Glück herauszufordern.

Reichweite

Der Elefantenrüssel ist Nase und Lippe in einem und dient darüber hinaus als Ansaugvorrichtung, Schnorchel, Arm, Dusche, Schaufel, Kratzinstrument, Hand zum Pflücken und Gestikulieren sowie als Verteidigungswaffe. Riechen können die Elefanten damit natürlich auch.

Schleichwege

Über Nacht hatte sich eine Wolkendecke über die Masai Mara gebreitet, die auch am nächsten Morgen noch am Himmel hing. Ich traf zufällig auf die Mütter des Musiara-Rudels, die gemeinsam mit ihren Jungen zu ihrem Lieblingsrastplatz unterwegs waren. Die anführende Löwin sah mich unverwandt und wachsam-skeptisch an. Angst schien sie keine zu haben, dafür aber instinktiv die Gefahr zu spüren, die vom Menschen ausgeht.

Schicksal

Es gab keinen Sonnenaufgang, das Licht tropfte quasi nur hier und da herab, bis ich die Bäume einigermaßen klar erkennen konnte. Eine Großkatze durchstöberte ein Meer von Gras, und ein nervöses Gnu witterte Gefahr, während eine Leierantilope die Szene gebannt verfolgte. Die Großkatze schlich sich lautlos näher heran, das irritierte Gnu suchte mit den Augen furchtsam die Gegend ab, die Leierantilope stampfte hektisch mit den Hufen. Dann traf das Gnu die falsche Entscheidung und rannte direkt auf den Löwen zu, die Leierantilope floh in die andere Richtung. Stille senkte sich herab, während der Löwe seine Beute verzehrte.

Das Festmahl

Der Büffel hatte die Löwen nicht kommen gesehen, doch seine Gegenwehr war tapfer; er drehte sich blitzschnell herum, voller Kampfesmut und mit einer furchterregenden Drohgebärde. Er hatte gekämpft und gekämpft, und beinahe wäre das Ringen unentschieden ausgegangen. Doch dann waren noch zwei männliche Löwen dzugekommen. Einer sprang dem Büffel auf den Rücken und riss das große Tier zu Boden, während der andere das Maul des Büffels umklammerte, aus dem ein klagender Laut drang. Das Abendlicht schwand allmählich, und die Aasfresser warteten respektvoll, bis die Löwen ihren Hunger gestillt hatten.

Überreste

In der Finsternis kurz vor der Dämmerung – noch fiel Regen, und in der Masai Mara herrschte eine gespenstische Stille – hatten sich einige Geier versammelt. Verwesungsgeruch hing in der Luft, auf dem Boden lag ein Zebra. Es wirkte unverletzt, war aber offensichtlich tot. Plötzlich sprang eine Hyäne heran, die Nase witternd in die Luft erhoben. Sie steuerte zielstrebig auf den Kadaver zu und ignorierte die versammelten Geier vollständig. Nachdem der Kadaver endlich aufgebrochen war, drängelten die Vögel ungeduldig, bis sie endlich an der Reihe waren.

Das große Fressen

Der Elefant war tot – wie oder warum er verendet war, war nicht ersichtlich. Der Verwesungsgestank war überwältigend. Um den Kadaver hatte sich das Musiara-Rudel versammelt; während die Löwen sich die Bäuche vollschlugen, kam es immer wieder zu heftigen Streitereien. Als der östliche Horizont von weißen Streifen durchzogen war und die ersten Sonnenstrahlen die Ebene in goldenes Licht tauchten, schlich sich ein wagemutiger Schakal heran und machte sich mit einem Stück Fleisch im Maul rasch wieder davon. Irgendwo rief ein Fischadler, auch einen Pavian konnte ich hören. Die Löwen fraßen weiter, tief in ihr Mahl versunken.

Erwartungshaltung

Nachts funkelten Millionen von Sternen, grelles Licht bleichte die Tage aus. Eines Morgens traf ich zufällig auf Hunter und Sikio und ließ mich ganz in ihrer Nähe nieder. Keine einzige Wolke zog über den Himmel, nur Geier flogen vorüber. Auf der Erde war nirgends mehr ein grünes Fleckchen zu sehen, überall herrschten Braun- und Gelbtöne vor.

Panik

Gegen Ende Oktober setzt in der Masai Mara die kleine Regenzeit ein. Anlass zur Wanderung der Tiere ist die große Regenzeit in der Serengeti, die wenig später dort beginnt.

Doch zu dieser Zeit, Anfang Oktober, war das Land noch versengt, der Busch verdorrt, das Gras verwelkt. Wasser gab es fast nirgendwo mehr, nur rissige, schartige, ausgetrocknete ehemalige Wasserlöcher. Die rastlosen Herden machten sich auf den Weg, und die Sesshaften beobachteten, wie sie vorüberzogen.

Solidarität

Unerschütterlich marschierten die Herden weiter, Nase an Schwanz zogen sie in langen Reihen über das ausgedörrte Land. Sie waren auf dem Rückweg in die weit entfernte Serengeti. Da ich ungefähr wusste, in welche Richtung sie strebten, machte ich mich auf den Weg zu einer schmalen Lücke in ihrem Pfad. Und wie erwartet kamen sie, die Herden, und erlaubten es mir, ihre kompakte Formation und ihre Energie einzufangen.

Dilemma

Vor wenigen Jahren watete ich selbst vier Mal durch den Mara-Fluss, immer auf der Hut vor lauernden Krokodilen, um das Zögern des Zebrahengstes einzufangen. In der Luft hing der Gestank verendeter Tiere; ein Gnu, dessen Lauf im Kiefer eines Krokodils gefangen war, brüllte vor Schmerzen. Die Familie des Hengstes wartete geduldig hinter ihm, bereit, seiner Führung zu folgen, entweder ins Wasser hinein und über den Fluss oder zurück auf festen Boden.

Unermüdlich

Es schien, als ob die Zebras spürten, dass die große Regenzeit in der Serengeti kurz bevorstand, wenngleich sie noch eine beträchtliche Strecke vor sich hatten. Weiter und immer weiter galoppierten sie über die festgebackene Erde; jeder Schritt forderte seinen Tribut, und manche der Tiere gerieten ins Straucheln, während im stahlblauen Himmel über ihnen große Vögel ihre Kreise zogen. Auch als die Sonne sich neigte, eine sanfte Brise aufkam und die Kühle des Abends lockte, rasteten sie nicht. Sie folgten dem Ruf neuen Lebens.

Umsicht

Nun konnte es nicht mehr lange dauern, bis der Regen, der in verschiedenen Teilen des Landes bereits begonnen hatte, auch die Masai Mara erfrischte. Am Morgen war es noch klar gewesen, doch am späten Nachmittag türmten sich riesige, dunkle, tief hängende Wolken auf und rasten mit großer Geschwindigkeit über den Himmel. Die Paviane, denen ich Gesellschaft leistete, gingen ihren üblichen Beschäftigungen nach; nur einmal stieß einer von ihnen einen Warnruf aus, der sich jedoch als falscher Alarm entpuppte.

Geduldsprobe

Endlich hatte die Regenzeit begonnen, und wieder einmal fand das Wunder scheinbar spontanen Wachstums statt – das Leben erneuerte sich abermals. Die Tiere, die bisher auf kleine Bereiche, in denen sie noch Futter fanden, beschränkt waren, zerstreuten sich. Für die Giraffen allerdings änderte sich wenig: Es würde noch eine Weile dauern, bis an den Bäumen in ihrem Revier neue Blätter sprossen.

Einheit

Der Regen fiel heftiger. Überall bildeten sich Wasserpfützen. Ich wartete in der Nähe eines gerade neu entstandenen Schlammlochs, in der Hoffnung, dass es Elefanten finden würden. Und tatsächlich kam bald eine Herde direkt darauf zu.

Man sagt, Elefanten schätzen mehr als die anderen Tiere ihre Herde. In gewisser Hinsicht ähneln sie Menschen: Sie lieben und sorgen sich um die Mitglieder der Familie und kümmern sich um diejenigen, die in Schwierigkeiten sind.

Erfrischungspause

Ein paar Elefanten unterbrachen ihre Reise, um aus einem frischen Wasserloch zu trinken. Nun war das Gras wieder grün, das Licht sanft und die Luft frisch. Später am Tag sollte es erneut regnen; der Regen würde die Erde durchweichen und das Gras zweieinhalb Zentimeter pro Stunde wachsen lassen.

Willkommene Unterbrechung

Am Himmel rumorte es, und der in ein wachsgraues Licht getauchte Tag wurde vom wasserfallartigen Regen niedergedrückt. Doch bald zog der Regen weiter, und die Südlichen Grünmeerkatzen suchten wieder nach Futter, während das Wetter erneut umschlug.

Betäubt vom Duft des Regens

Wer in der Masai Mara zu Hause ist, spürt instinktiv und mit allen übrigen Sinnen, wann das Wetter umschlägt – die Hyäne beispielsweise wittert dies. Sie riecht die Feuchtigkeit in der Luft und spürt den kommenden Regen mit der Nase auf.

Partner

Die Gepardenbrüder befanden sich auf einer routinemäßigen Revierpatrouille. Mir kam die Idee zu einer bestimmten Bildkomposition, und so brachte ich mich sorgsam in Stellung. Die Brüder ignorierten die Kamera, weil sie vollauf damit beschäftigt waren, ihr Revier zu markieren – bis ich den Auslöser betätigte. Eines der Männchen sah sich nach dem Ursprung des metallischen Geräuschs um, ohne dabei jedoch seine wichtige Aufgabe zu unterbrechen.

Eintracht

Allmählich ließen die Regenfälle nach, obwohl der Himmel immer noch von Wolken bedeckt war. Ich stieß auf zwei Löwen beim Paarungsakt, wobei das Weibchen ganz offenkundig die Oberhand hatte, trotz der Größe und Kraft des Männchens. Sie schlug ihm den Schwanz ins Gesicht und signalisierte damit, dass sie unverzüglich zur Paarung schreiten wollte.

Stolz

Die kühle, windige Morgendämmerung wurde vom Chor der Vögel begleitet. Ich machte mich ohne ein bestimmtes Ziel auf den Weg, als das rote Glühen der aufgehenden Sonne die verschlafene Savanne zu entzünden schien. Dann plötzlich ein Moment des glücklichen Zufalls: Ich traf auf ein selbstbewusstes Gepardenmännchen, das konzentriert damit beschäftigt war, von einem einsamen Baum zum nächsten zu gehen, nach Botschaften zu schnuppern und eigene, stechend riechende Nachrichten zu hinterlassen.

Nebenbeschäftigungen

Um neun Uhr morgens tauchte eine Paviangruppe aus dem Wald auf und durchforstete die Savanne nach Futter. Neben der Nahrungssuche gingen noch eine Menge anderer Dinge vor sich: Die Männchen rangelten um ihre Position in der Hierarchie, die Jungen spielten ausgelassen miteinander, hier und dort kam es zu einer Paarung, einige der Tiere betrieben gegenseitige Fellpflege, und rangniedrige Weibchen versuchten, sich möglichst unverdächtig zu verhalten, um nicht den Zorn der dominanten Männchen auf sich zu ziehen.

Das pralle Leben

Geisterhaft tauchte die Elefantenherde aus dem Wald auf, um zu trinken. Rhythmisch schwangen sie Rüssel und Beine, die aufgestellten Ohren wirkten groß wie Scheunentore. Sie machten einen entspannten Eindruck und genossen das frische Wasser und die saftige Vegetation.

Schnell weg!

Vor wenigen Jahren noch waren Autos den Elefanten in der Masai Mara egal. Heute sind sie vor ihnen auf der Hut und betrachten sie voller Misstrauen.

Dank

Ich danke Geoffrey und Martin Bell für ihren Verstand; Patrick Beresford von Governors' Camp für die technische Unterstützung; Colin Ziegler dafür, dass er an dieses Projekt glaubte; und, ganz besonders, Fiona Rogers für ihren unschätzbaren künstlerischen Beitrag.

Titel der Originalausgabe: *The Mara*
Erschienen bei Natural History Museum, Cromwell Road, London SW7 5BD, Großbritannien

Layout: Bobby Birchhall, Bobby&Co Design
Produktion: Eddie Ephraums und Saxon Digital Services

Deutsche Erstausgabe

Ein Unternehmen der La Martinière Groupe

Umschlaggestaltung: Fabian Arnet, Knesebeck Verlag
Produktion und Herstellung: VerlagsService Dietmar Schmitz GmbH, Heimstetten
Druck: Toppan Leefung Printing Ltd
Printed in China

ISBN 978-3-86873-964-0

www.knesebeck-verlag.de

Umschlagvorderseite

Heranwachsende Löwen des Musiara-Rudels
(siehe S. 22/23).

Bezug

Überquerung des Flusses während der großen Trockenzeit, Mitte Juli.

Haupttitel

Wasserböcke während der kleinen Trockenzeit, Mitte Dezember.